DIE SCHÖNSTEN FABELN DER WELT

Neu erzählt von Jerko V. Tognola
Gemalt von Adelki

Sing nicht mit vollem Schnabel, Rabe!

Otto Maier Verlag Ravensburg

Originalausgabe
Erstmals 1983 in den Ravensburger Taschenbüchern
Otto Maier Verlag Ravensburg

© Blue Lion Film Chiasso
Redaktion: Angela & Andreas Hopf
Konzeption, Produktion und Gestaltung:
Offizin Hopf & Partner, München
Umschlaggestaltung: Adelki
Printed in Italy

5 4 3 2 1   87 86 85 84 83

ISBN 3-473-38908-0

Der Fuchs
und der Rabe

Heute ist ein schlimmer Tag im Wald. Alle meckern und schimpfen und streiten sich. „Kraah", schreit der Rabe, „ich habe die schönste Stimme der Welt, ich singe wie ein Zeisig!"

Die anderen Tiere finden,
daß er krächzt wie ein Rabe:
„Laß uns in Ruhe, alte Kreische!"

Und du, Fuchs, was hast du vor?

Da kommt die leichtsinnige Maus angetippelt.
Maus, Mäuschen, paß auf, der Fuchs... Er hat großen Hunger!
Doch die Maus treibt gern Schabernack mit dem Fuchs.
Husch! ist sie weg.
Der Fuchs denkt: „Die muß doch wieder aus dem Loch herauskommen – vielleicht auf der anderen Seite?"
Nein. Wo ist die Maus?
Da, Fuchs, hinter dir!
Die Maus pfeift so schrill, daß der Fuchs tatsächlich erschrickt.
Die Maus hat auch Hunger, einen kleinen Mäusehunger.

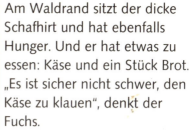

Am Waldrand sitzt der dicke Schafhirt und hat ebenfalls Hunger. Und er hat etwas zu essen: Käse und ein Stück Brot.
„Es ist sicher nicht schwer, den Käse zu klauen", denkt der Fuchs.
Der Rabe denkt das auch – und er ist schneller: Happs! Er fliegt mit dem Käse im Schnabel davon.
Der Hirt kann gar nicht so schnell gucken.

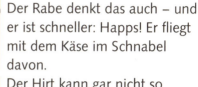

„Na, ein Stück Brot immerhin bleibt noch", denkt der Fuchs. Doch die Maus denkt das auch – und diesmal ist sie schneller. Grapsch! Sie saust mit dem Brot in ihr Mauseloch.

Der Schafhirt jammert.

„Ausgerechnet ich soll leer ausgehen?" brummt der Fuchs. Er läuft zum Raben. Der hat es sich für seine Mahlzeit auf einem Baum bequem gemacht.

„Guten Tag, herrlicher Rabe",
schmeichelt der Fuchs. „Schon
lange bewundere ich deine
Stimme! Du bist der größte
Sänger des Waldes, des Landes,
der Welt…"
Der Rabe freut sich. Er hält das
Stück Käse fest in seinem
Schnabel. „Käse festhalten
heißt Käse haben", denkt er.
Doch singt er ein wenig aus
dem Schnabelwinkel.
„Das klingt lieblich und süß",
meint der Fuchs und
schmeichelt weiter:
„Sing mehr, sing lauter!
Heute früh war dein Gesang
außerordentlich eindrucksvoll;
sing lauter, sing aus voller
Kehle! Ich weiß, daß du schöner
jubilieren kannst als ein Zeisig,
Rabe!"

„Endlich habe ich den richtigen Bewunderer gefunden", denkt der Rabe, und er krächzt fröhlich, öffnet seinen Schnabel und singt sein lautestes Rabenlied.
Natürlich fällt ihm der Käse runter – dem Fuchs direkt ins Maul.
Der Fuchs ist zufrieden. Und er macht sich davon.
„Komisch", denkt der Rabe, „der Fuchs wollte mich doch singen hören – und nun ist er weg!"

Und wo ist dein Käse, eitler Sänger?

Das Zicklein und der Wolf

Der Hütehund paßt gut auf die Ziegenherde auf, denn Ziegen frißt der Wolf besonders gern. Drinnen im Stall sind sie sicher, aber hier draußen auf der Weide kann der Wolf sie leicht überfallen.

Der Ziegenhirt trinkt gern mal einen Schnaps, auch mal einen zuviel. Danach schläft er, manchmal sogar schon am frühen Morgen. Er schläft tief und fest – und sein Ziegenbock auch.
Aber der Hund paßt auf.

In der Herde lebt ein Zicklein.
Am liebsten ist es hier draußen,
weil es hier so schön spielen
kann, besonders am Teich.
„Mähähä! Guten Morgen, lieber
Frosch!"
Hoppla!
Der Frosch macht seine Späße.
Der Frosch hüpft wie ein
Zicklein.
Und das Zicklein hüpft wie ein
Frosch.

Der Hund hat irgend etwas gewittert. Ob der Wolf in der Nähe ist?
Er treibt vorsichtshalber die Ziegen zusammen und trottet mit ihnen zum sicheren Stall zurück.

Das Zicklein hat nichts bemerkt.
Es springt immer noch über die
Wiesen, es hüpft wie ein Frosch.
Achtung, Zicklein, der Wolf!

„Der kleine Ziegenbock
könnte mir jetzt schmecken",
denkt der Wolf.
Noch hüpft das Zicklein frohge-
mut herum.
Plötzlich merkt es: „Da ist doch
etwas, das … das ist der Wolf!"
Jetzt zittert es vor Angst.

Es glaubt, daß seine letzte
Stunde geschlagen hat. Da hat
es einen Einfall.

Das Zicklein nimmt all
seinen Mut zusammen: „Hier,
großer Wolf", sagt es, „auf
dieser Flöte will ich dir ein Lied
spielen, bevor du mich frißt."
Der Wolf meint, daß ein wenig
Musik vor einem solchen
Festessen nicht schaden kann.
Das Zicklein spielt auf der Flöte.
Es spielt und spielt. Der Wolf
leckt sich das Maul vor Gier.

Doch das ängstliche
Flötenspiel hört nicht nur
der Wolf.
Der Hütehund hört es auch.

Dann erschrecken die Ziegen,
sogar der Hirt und sein Bock
wachen auf.
Und im Galopp – der Hund
allen voran – laufen sie, um das
Zicklein zu retten.

Der Wolf will das Zicklein gerade packen – da sind die anderen schon bei ihm.

Statt eines leckeren Mahls kriegt der Wolf Prügel, die schlimmsten Prügel seines Lebens.

„Bähähä", meckert das Zicklein, „hier, böser Wolf, jetzt spiel du auf der Flöte!"
„Genau!" bellt der Hund.

Der Wolf wehrt sich, doch die Ziegen stoßen mit ihren Hörnern, und der Hund knurrt gefährlich. Nur das Zicklein meckert sein freches Bä-hähä-hä.

Der Wolf muß Flöte spielen, der große, böse, gefährliche Wolf!
„Eine schöne Melodie spielst du", spotten die anderen und lachen und lachen.
„Dem haben wir aber die Flötentöne beigebracht!"
Der Wolf knurrt ärgerlich: „Euer Meckmeckmeck wird euch noch vergehen!"
Und er denkt: „Erstens habe ich Hunger. Zweitens muß ich hier spielen und tanzen wie ein Narr. Und drittens und überhaupt sollte man erst fressen und dann an Musik denken!"

Im nächsten Band erlebt ihr, wie der Hase vom Löwen gefressen werden soll. Und wie der alte Pelikan den Fischer – und die Fische – überlistet.

DIE SCHÖNSTEN FABELN DER WELT

gibt es in zehn Bänden:

Da ist die Masche, kleiner Fisch! (RTB 901)
Der kleine und der große Fisch / Der Löwe und die Mücke

Du bist schön genug, stolzer Hahn! (RTB 902)
Die beiden Hähne / Der Rabe und der Pfau

Köpfchen, Köpfchen, kluge Schlange! (RTB 903)
Die Schlange und ihr Schwanz / Die beiden Hunde und der Fuchs

Heul doch nicht, armer Hund! (RTB 904)
Der Hund und sein Spiegelbild / Der Esel und das Pferd

Bleib zu Haus, süße Maus! (RTB 905)
Die Feldmaus und die Hausmaus / Die Gänse, der Schwan und der Bauer

Geh zu den Hühnern, schlauer Fuchs! (RTB 906)
Der Fuchs und der Wolf / Der Fuchs und der Storch

Zeig deine Krallen, schöner Löwe! (RTB 907)
Der verliebte Löwe / Der Wolf und sein Schatten

Sing nicht mit vollem Schnabel, Rabe! (RTB 908)
Der Fuchs und der Rabe / Das Zicklein und der Wolf

Schlaf gut, lieber Hase! (RTB 909)
Der Löwe, der Hirsch und der Hase / Der Pelikan und die Fische

Lach nicht zu früh, närrisches Pferd! (RTB 910)
Das Pferd, der Hirsch und der Bauer / Der Frosch und die Maus